Arthur Schanz · Der Himmel lacht

buch & media

ARTHUR SCHANZ

Der Himmel lacht

Joh. Seb. Bach

Die Musik der Kantaten im Konzert

buch & media

Originalausgabe
September 2023

Layout, Satz und Umschlaggestaltung: Mona Königbauer
Gesetzt aus der Sabon

Buch&media GmbH
Merianstraße 24 · 80637 München
Fon 089 13 92 90 46 · Fax 089 13 92 90 65

Weitere Publikationen aus unserem Programm finden Sie auf
www.buchmedia-publishing.de
Kontakt und Bestellungen unter info@buchmedia.de

EINLEITUNG

Auch wenn man von Bachs Kantaten schon manches gehört hat, kennt man sie wahrscheinlich noch zu wenig, und die Erfahrung zeigt, dass man immer wieder Überraschungen mit ihnen erlebt. Dies, und wir sprechen von 200 Kirchen- und rund 20 weltlichen Kantaten, liegt nicht nur an ihrem Umfang, sondern auch daran, dass sie in der Regel nur in Kirchen und liturgischen Zusammenhängen aufgeführt werden. Die moderne Lebenswelt und kirchliche Praxis bieten heute eher wenig Gelegenheit, sie zu erleben.

Dabei stellen die Kirchenkantaten zusammen mit den weltlichen einen klar umrissenen und herausragenden Besitz abendländischer Musik dar, ein Werk, das »in der gesamten Musikgeschichte ohne Wiederholung ist« (Chailly). Mit ihren Themen- und Textvorlagen sind sie auf ungewöhnlichen Anspruch und Freude angelegt, und man darf sie für ihre Vielfalt des Ausdrucks schlechthin bewundern. Neben den circa 200 Kirchenkantaten (*BWV 1 – 200*) zählt man etwa 20 Weltliche Kantaten (*Dramma in Musica*), vor allem Trauer- und Trauungskantaten, die als Festmusiken für Fürstenhäuser, für die Leipziger Universitätsfeste, Rats- und Schulfeiern, als Huldigungsmusiken für Adlige und Bürger, Hochzeiten unter anderem geschaffen wurden.

Die Bachschen Kantaten bilden aus Vokal- und Instrumentalnummern gestaltete Gesamtkunstwerke, deren Aufbau aus dem Formstreben des Barock nach Reihung in sich geschlossener Teile als Einzelnummern hervorgeht. Dies bedeutet in der Regel eine oft weitgehende Autonomie einzelner Sätze, so dass sie auch getrennt gehört und als gültige Kunstwerke verstanden werden.

Die sich im 18. Jahrhundert herausgebildete protestantische und damit auch Bachsche Kirchenmusik nahm Bibelverse, Choräle und religiöse Betrachtungen als Textgrundlage. Freie madrigalische Dichtung, – mehrstimmige Vokalkompositionen –, wird für eine oder mehrere Solostimmen und Generalbass und auch Chor und begleitende Instrumente vertont. Im Aufbau übernimmt die Kantate ab 1700 auch Formen der Oper wie Rezitativ und Arien[1].

Der Regelaufbau einer Bachschen Kantate ist folgender: Eingangschor Choral, Aria, Rezitativ, Schlusschoral. Es herrscht darüber hinaus jedoch Vielfalt, indem etwa anstelle eines Solos ein Duett oder Terzett oder als Variante gar ein Duett und ein Choral treten kann. Statt mit einem Eingangschor kann die Kantate auch mit einer Sinfonie, einem reinen Instrumentalsatz beginnen. Eröffnet eine Kantate nur mit einer Aria, spricht man von einer Solokantate.

Was soll Musik von Kantaten im Konzert bedeuten? Es ist vor allem die Möglichkeit, getrennt einzelne Stücke daraus zu hören und zu verstehen. Man kann so ohne den Gang durch das Gesamtwerk Zugang zu ihnen finden. So auch Riccardo Chailly, der mit seiner hervor-

---

1 Zu erinnern ist, dass Kantate zunächst in Italien für nicht szenischen, mehr lyrischen als dramatischen Sologesang nach vorwiegend weltlichen Texten mit Instrumentalbegleitung stand. Wenn zunächst die strophische Arie den Mittelpunkt bildete, so entwickelte sich im späten 17. Jahrhundert in Anlehnung an die italienische Oper noch eine Untergliederung in Rezitative, Arien und eventuell Chöre.

ragenden Bach-Erfahrung auf die Kantaten als »Konzertliteratur« hinwies, die »letztlich an alle Orte gehört«, weil man von »Bachs Meisterschaft mehr erfahre und durchaus auch mehr Klangerlebnis« gewinne, auch wenn dabei die »Aura Sacra« verlöre[2].

Zum Wert der einzelnen Sätze darf man bemerken, dass schon ein erstes Anhören überzeugt. Stützt man sich auf die Wiedergabe von Schallplatten oder anderen Tonträgern, so mag es sein, dass man nur einen zu hören wünscht, um sich dessen Wirkung voll zu überlassen. Aus dieser Sicht versteht man auch den losen Gedanken, der in den »Buddenbrooks« von Thomas Mann den kleinen Hanno und seinen Lehrer in der Kirche dahin räsonieren lässt, dass die Predigt ein ziemlich »albernes« Wenig sei, der »eigentliche Gottesdienst« dagegen

---

[2] Gespräch Chailly, Hiller, Schwerdtfeger in »Bach gehört an alle Orte«, Bach – Magazin 2/2013 Leipzig.

das, was Pastor und Gemeinde nur für Beigabe »halten: nämlich die Musik«[3].

Das Anhören der Werke stellt auch die Frage nach dem geeigneten Ort und der Gelegenheit dazu. Ein Raum ungestörten Ernstes und gelassener Sammlung steht am nächsten, und man wird durchaus an Kirchen und sonstige begünstigte Orte denken. Hier gilt auch die Frage, die unlängst Herreweghe und Leonhardt berührt haben, indem sie der Überlegung nachgingen, ob man Bachkantaten oder ähnliches eigentlich in Räumen mit »Tschaikowsky-Publikum« bieten könne, was der eine entschieden verneinte, der andere aber für möglich hielt.

---

3 Thomas Mann, Gesammelte Werke Bd. I, Buddenbrooks, S. 503, Fischer, Frankfurt a.M. 1990. Wer Näheres über Form, Entstehung und Inhalt der Kantaten wissen will, sei insbesondere auf die eingehende Darstellung von Alfred Dürr: Joh. Seb. Bach. Die Kantaten, Bärenreiter Kassel 1995 hingewiesen. Eine kürzere, ebenso summarisch wie lebendige Behandlung der Kantaten enthält Franz Rueb, 48 Variationen über Bach, Reclam, Leipzig 2000. Treffliche Besprechungen bietet Reclams Musikführer J.S. Bach, Bd. 2, Stuttgart, 1993 (Arnold Werner-Jensen) und kurz behandelnd eine gute Auswahl auch der Konzertführer J.S. Bach, Schott, Mainz, 1984 (Hans-Jürgen Schäfer).

Gewiss ist, dass heute Wiedergabemöglichkeiten mittels Tonträger, also insbesondere Schallplatten, völlig neue Wege öffnen. Mit der Schallplatte vor allem ist die Entdeckung der Kantaten in ihrer Gesamtheit und Übersichtlichkeit leichter Hand möglich, was die Rezeption des Kantatenwerkes auf eine neue Ebene stellt.

Der renommierte Musikexperte und Bach-Kenner Albert Schweitzer hat in seinem im Jahr 1908 erstmals erschienenen Buch »Johann Sebastian Bach« wohlbegründet festgehalten, dass dessen Musik, insbesondere die Kantaten, auch außerhalb des kirchlichen Rahmens, aufzuführen sind. Er fügt hinzu, dass das, was der Meister außer den Kantaten »sonst noch geschaffen hat, fast mehr als Zugabe« erscheine (S. 230). Das selbstständige Vorspiel einer Kantate, so des Weiteren, dürfe »im Konzertsaal Heimatrechte finden«.

Wir wollen kurz noch bezeichnende Beobachtungen anfügen, die dafür sprechen, dass Bach nicht einfach als Kirchenkantor, sondern als Kapellmeister mit deren außerkirchlichen Musik gesehen werden wollte. So zeichnete er auf offiziellen Papieren stets als Kapellmeister. Dann liest man, wie er in einem persönlichen Brief an seinen Jugendfreund und Schulkameraden Georg Erdmann, der in Danzig im diplomatischen Dienst stand, und dem er 1730, also schon wenige Jahre nach Beginn seiner letzten Lebensstation in Leipzig, schrieb: dass es »ihm zwar anfänglich gar nicht anständig seyn wollte, aus einem Kapellmeister ein Cantor zu werden«. »Da ich aber diesen Dienst«, also Kirchenmusiker, »bey weitem nicht so erklecklich finde, als man ihn mir beschrieben«, und ich »mithin fast in stetem Verdruss, Neid und Verfolgung leben muss«, so, falls er eine »convenable station wissen oder finden« würde, »ersuche er ganz gehorsamst«, für ihn »eine recommandation einzulegen«, an ihm solle es dann »nicht manquieren«. So lauteten die damals im üblichen Barockstil gefundenen Worte.

Hierzu sei allerdings bemerkt, dass gelegentliche Behinderungen, Einschränkungen dieser und jener Art des Kantors durch den Prediger ein gewisses Verständnis verdient. Die Predigt als Mittelpunkt des Gottesdienstes wird durch eine groß leuchtende Kantate als Abschluss in ihrer Wirkung möglicherweise geschmälert, so dass man dem Kantor nicht allzu viel Spielraum lassen mochte.

Johann Matthias Gessner, Thomas-Schuldirektor und Freund Bachs in Leipzig, nannte diesen einmal einen Menschen, der Rhythmus in allen Gliedern habe und beschrieb ihn bei seiner Arbeit: »Wenn Du Bach sehen könntest, wie er mit beiden Händen, dort mit den Füssen über die Tasten eilt und allein viele voneinander ganz verschiedene und doch unter sich zusammenstimmende Tonreihen hervorlockt: wenn du ihn sähest, während er vollbringt, was eine ganze Schar eurer Kitharisten oder sechshundert Flötenbläser nicht zuwege brächten, nicht etwa nur, wie der Kitharöde, eine einzige Melodie zu singen und zu spielen, sondern alle die dreißig bis vierzig zusammen Musizierenden zu überwachen, bald den durch einen Wink, einen anderen durch ein Aufstampfen, einen dritten mit einem drohenden Finger wieder in die rechte rhythmische Bewegung und Taktordnung zurückzubringen, jenem mit hoher, diesem mit tiefer, einem dritten mit mittlerer Stimme seinen Ton vorzusingen und als einziger – mag alles noch so laut zusammenklingen und er selbst von allen die schwierigste Aufgabe haben – sofort zu bemerken, ob und wo etwas falsch ist, und alle in Ordnung zu halten, überall zu stützen und wieder gutzumachen – alle Glieder voll Rhythmus, mit scharfem Ohr alle Harmonien beherrschend, mit seiner einzigen engen Kehle alle Stimmen hervorbringend.«

Bach zog es ständig an Orte wo große und umfassende Musik geboten wurde. So tätigte er auch im Norden Deutschlands Kontakte an fürstlichen Höfen, die im Barock tonangebend waren. Dazu eigneten sich die zahlreichen Fest- und Huldigungskantaten für königliche Familien mit ihrer gleichsam weltlichen Musik. Zwischen 1725 und 1742 zählt man solche an die fünfzehn und werden als *drammia per musica* bezeichnet. Es war dies keine liturgische Musik, aber auch keine rein weltliche, da man die Monarchenherrschaft als göttliche Fügung sah.

In amtlichen Schreiben nannte Bach sich Köthener, Weissenfelder oder kurfürstlicher Hofkompositeur, in Dresden immer an erster Stelle. Auch in Leipzig legte er auf den Titel »directeur chori musici« Wert, denn als »Director« genoss er höheres Ansehen bei den Handelsmessen dort. Besetzungen für Gesang und Trompete waren keine Seltenheit und brachten so in Kantaten die Vorliebe der Höfe für alles Elegante und Prunkvolle auch nach Leipzig. Beim insgesamt bekannten Bestand an Kantaten kann man von zahlreichen Huldigungskantaten und –serenaten für Mitglieder des Königshauses, Adlige und Würdenträger der Universität sprechen, wie ein Kundiger unterstrich. Seine Rührigkeit in dieser Hinsicht zeigte Bach auch, als er ab März 1729 in Leipzig außerhalb jeder Liturgie das Collegium Musicum als Kapellmeister leitete, eine von Musikern und Studenten bestrittene »Konzertreihe für vornehme Kreise«, soweit es seine Pflichten als Cantor erlaubten.

In der Pfingstkantate *BWV 174* wurde der umgearbeitete erste Satz des 3. Brandenburgischen Konzerts verwendet. Dann wurde Kantate *BWV 51* auch nicht wie üblich vom Komponisten als concerto, sondern wieder als »Cantata« bezeichnet, um sie für den Leipziger Gottesdienst geeignet zu machen. Sie ist mit ihrem lebhaften Charakter damals am kurfürstlichen Hof in Weissenfels geschrieben worden. Das rhythmische Gerüst für moderne Arien erscheint später auch immer wieder sowohl in geistlichen wie weltlichen Kompositionen.

Bei gewissen Hinweisen auf Arbeiten von Bach, Telemann und anderen um die Jahrhundertmitte damals wusste man nicht, ob sie im Gottesdienst oder im »Großen Konzert« aufzuführen waren. Wo in protestantischen Ländern das Wort des Evangeliums nicht den Haupttext bildete, waren sie angeblich generell eher für Konzertsäle oder Theater bestimmt, nicht für Kirche und Gottesdienst. Wie untergeordnet die Unterscheidung zwischen kirchlicher, sakraler und solcher für weltliche Anlässe war, mag auch der Hinweis auf ein verschollenes Violinkonzert zeigen, das mit allen drei Sätzen im berühmten Cembalokonzert d-Moll *BWV 1052* überlebte, und dessen erster Satz wiederum als Sinfonia in der Kantate »Wir müssen durch viel Trübsal« *BWV 146* aufgenommen wurde. Da der innere Zusammenhang einzelner Nummern von Kantaten oft sehr locker sei, meinte A. Schweitzer, »frevle man nicht«, wenn man sich aus verwandten Kantaten eine »Art Idealkantate zusammenstellt« (S. 772).

Dass das musikalische Leben vom politisch gesellschaftlichen nicht getrennt war, mag ein Blick auf das Jahr 1734 zeigen. Fast ganz Europa war 1733–1735 durch den polnischen Erbfolgekrieg in Mitleidenschaft gezogen. Sachsen allein blieb verschont und sein Kurfürst zog im Dezember dieses Jahres in Warschau ein um Frieden zu bringen. Dies schlug sich in einer Kantate wie »Lobe den Herrn, meine Seele« *BWV 143* nieder, die am Neujahrstag 1735 aufgeführt wurde und wo ein Arientext »Tausendfaches Unglück« schildert, Völkern die Gott mit einer Kantate preisen, dagegen Segensjahre schenkt, und wie dies auch im Choral »Du Friedefürst« in Kantate *BWV 143* zum Ausdruck kommt, wenn den Schlusschor Stimmen mit wiederkehrenden Halleluja-Rufen begleiten. Doch gab es dann ein Jahr 1744 im Herbst mit einer preußischen Invasion und schweren Kriegsdrangsalen, was sich in der Kantate »Du Friedensfürst, Herr Jesu Christ« *BWV 116* – »strecke deine Hand auf ein erschreckt geplagtes Land« – mit seiner Musik großer Ergriffenheit niederschlug.

Wer den Eingangschor aus der Kantate »Nun komm, der Heiden Heiland« *BWV 62* in der Übertragung für zwei Klaviere von Thomas Labé gehört hat, dürfte kaum Hinreissenderes fern jeden Kirchenraumes erleben. Dies weckt auch die Feststellung, wie sehr Bachs Musik angeblich eindeutig mit dem Schwerpunkt auf Tastenmusik für Orgel und Cembalo steht und damit auch modernen Transkriptionen für Klavier entgegenkommt. Und wer einen Jaques Loussier und auch die Swingle Singers in den 60-Jahren des vergangenen Jahrhunderts mit anspruchsvollen Stücken wie die Arie der Suite beziehungsweise Ouvertüre *BWV 1068* und des Musikalischen Opfers *BWV 1079* kannte, hörte wie diese Musik auf vielleicht etwas lose

Weise ewiglich auch außerhalb der Kirche zum Konzertgedanken stand[4].

Man kommt wieder auf das schlechthin Gültige zurück, wenn man sieht, dass Musik etwas zum Anhören mit Anderen ist, also etwas Gemeinsames, um es mit dem Nächsten zu teilen. So bleibt sie, wie wohl von Bach gewünscht, auch in diesem Sinne gleichsam als »göttliches

---

4 Beethoven studierte Bach schon als Knabe als eine »musikalische Bibel« und plante am Ende seines Lebens eine Ouvertüre über den Namen »Bach«. Erste Drucke von Notenmaterial waren auch »Ladenhüter«. Schumann fragte sich bereits 1837 wann sich die deutsche Nation endlich zu einer Gesamtausgabe entschließe. Brahms nannte als seine größten Erlebnisse die Gründung des Deutschen Reiches und die Vollendung der damaligen Bach-Ausgaben. Und es ist auch an Liszts Werben für die organisierte Förderung durch eine Bachgesellschaft zu erinnern. Richard Wagner, dessen Kunst auf einer engen Beziehung von Wort und Ton beruht, standen Bachs Kantaten nicht nahe, doch schrieb und sprach er stets von der »fast unerklärlich rätselhaften Erscheinung des Wundermannes Sebastian Bach« und von der »Welt, die der unbegreiflich große Sebastian« aufbaute.

Geschenk« in einen höheren Zusammenhang gestellt.[5]

Im nachfolgenden Abschnitt werden Werkteile von Kantaten, also Eingangschöre und einleitende Sinfonien, Arien, Rezitative, Chöre und Schlusschoräle vorgestellt. Arien und instrumentale Parts zeigen, wie zahlreiche kammermusikalische Darbietungen zu entdecken sind. So kann man etwa den Dialog von *Oboe d'Amore* und *Violincello piccolo* in der Sopranarie »Ich bin herrlich« (*Kantate 49*) bewundern, oder zwei konzertierende Oboen im Duett »Mein liebster Jesu« für Alt und Tenor (*Kantate 154*). Mit den beherrschenden Sechzehntel-Bewegungen der Viola in der Tenor-Arie »Ergieße dich« (*Kantate 5*) glaubt man sich von einem Stück aus einer Cello-Suite beschenkt. Und wer wundert sich, wenn auch der Orgel ein solistischer Part zugedacht wird, so in der Sinfonia mit konzertierender Orgel in *Kantate 49*. Wer weitere Kantaten kennt, wird zahlreichen anderen Überraschungen begegnen, die bereichern.

---

[5] Näheres über die wechselhafte Rezeption von Bachs Musik und namentlich der Kantaten im 19. und 20. Jh. vgl. auch Albert Schweitzer: Joh. Seb. Bach, Breitkopf und Härtel, Wiesbaden 1976, S. 216 ff.

Wer Stücke sucht, kann heute vor allem auf Einspielungen auf Schallplatten zurückgreifen. Hier sei an erster Stelle auf die Gesamteinspielung von Pieter Jan Leusink hingewiesen, die bei historisch orientierter Besetzung mit klanglicher Plastizität, expressiver Deutlichkeit, Bewegungsfrische und ohne Tremolo beeindruckt. Dem Einsatz von Knabenstimmen, wegen ihrer »natürlichen Leichtigkeit« schon von Albert Schweitzer empfohlen, wird hier Rechnung getragen. Man findet eine Vielzahl weiterer Einspielungen, Gesamt- und Einzeleinspielungen, die insbesondere Namen wie Hans Richter, Helmut Rilling, John Eliot Gardiner, Philippe Herreweghe, Nikolaus Harnoncourt, Sigmund Kuijken, Tom Koopman, Gustav Leonhardt,

Karl Münchinger, und Masaaki Suzuki zu verdanken sind.[6]

[6] Noten sind in der bei Breitkopf und Härtel erschienenen Reihe von Klavierauszügen sämtlicher Kantaten zu beschaffen (Edition Breitkopf, Wiesbaden, Leipzig, Paris). Die vorzüglichen Auszüge, bzw. Bearbeitungen für Klavier kann man dem Musikliebhaber nicht nachdrücklich genug empfehlen, da sie zu einem moderaten Preis ungewöhnlichen Gegenwert bieten. (Als Autoren der Bearbeitungen zeichnen Günter Raphael, Bernhard Todt, Ulrich Haverkamp u. a.).
Der vorliegenden Auswahl besprochener Stücke liegen die Schallplatteneinspielungen des Niederländischen Bach Collegiums unter Leitung von Pieter Jan Leusink, *Brillant Classics 2003*, Box »Bach Cantates Complete« zugrunde. Das verwendete Sigel nennt die Nummer der CD sowie die Aufnahmespur/Track. Zum Beispiel steht für den Chorus »Wie schön leuchtet der Morgenstern« aus *Kantate BWV 1: (CD 41/7).*

WERKTEILE AUS KANTATEN

Sätze für eigenständigen Vortrag von Sinfonias, Eingangschören, Arien, Schlusschorälen und Rezitativen

SINFONIAS

Gleich, wie der Regen und Schnee vom Himmel fällt *BWV 18*

Es gibt in den Kantaten Bachs kaum ein schöneres Beispiel musikalischer Darstellung und Erlebens als diese Sinfonia. Sie klingt wie eine fein geführte und melancholisch gefärbte Landschaft, in der man die ostinaten Drehbewegungen der Sechzehntel und die Tupffiguren der Viertel als fallenden Schnee und wärmenden Regen sehen mag. (*CD 38/13*)

Ich hatte viel Bekümmernis *BWV 21*

Die Sinfonia dieser Kantate bietet einen Konzertsatz »Adagio asssai«, als Zwiegesang von

Violine und dem weichen und vollen Klang der Oboe. Oboe und Violine bestreiten den Solopart, während eine zweite Violine und eine Viola als harmonische Füllstimmen dienen, und ein Fagott das ganze Geschehen festigend unterstützt. (*CD 50/19*)

Der Himmel lacht, die Erde jubilieret *BWV 31*

Der Orchestersatz in Concertoform als Einleitung zu *Kantate 31* gehört zu den vielleicht festlichsten und mitreissendesten Stücken Bachs. Mit betontem Jubel, aber großzügig beherrscht, bietet er das Bild fanfarenhafter Motorik eines vollen Orchesters mit drei Trompeten, Pauken, drei Oboen, Taille, Fagott, Violinen, Violen, Cello und Basso continuo. Klangterrassen gleichen einem Aufmarsch auf einer Bühne, die sich mit jeder »Bayreuth-Szene« messen darf. Die Kantate entstand zum Osterfest April 1715 in Weimar. Der nachfolgende Eingangschor, eine Chorfuge, trägt den Osterjubel weiter. (*CD 60/6*)[7]

Bei Sinfonien kennt Bach auch interessante Zwischenformen; so einen 26 Takte ausgebreiteten Eingangsteil vor dem Einsatz des Eingangschores in Kantate »O ewiges Feuer, O Ursprung der Liebe« BWV 34. (*CD 60/1*)

Dieser Orchestersatz wird dann auch zu Zwischenspielen der Chorteile eingesetzt, mit vollem Orchester, ohne Flöte und mit einer unentwegt glücklich rhythmisierenden Musik. Es handelt sich um ein Werk aus der reiferen Leipziger Zeit nach 1740, und geht als sogenannte Parodie auf eine Trauungskantate im Frühjahr 1726 (*Kant. BWV 34a*) zurück.

---

7 Bach scheint nach einer zunächst schwächeren Besetzung einen fünfstimmigen »Rohrblattinstrumentenchor« (drei Oboen, Taille, Fagott) hinzugefügt zu haben (Dürr. S. 309). Von Albert Schweitzer überliefert man die Bemerkung, man habe ein »wahres Monstre Orchester« vor sich (S. 493). Und er meint, wie man »den Himmel lachen und die Erde jubilieren lässt, vermögen Worte keinen Begriff zu geben« (S. 493).

EINGANGSCHÖRE

Wie schön leuchtet der Morgenstern *BWV 1*

Es scheint ein Glücksfall, dass die Kantate »Wie schön leuchtet der Morgenstern« an erster Stelle der Kantatenordnung steht. Mit dem jubelnd edlen Eingangschor entstand sie in den späteren Jahren Bachs, 1725 in Leipzig und zählt zu den reifsten Kompositionen des Meisters. Festlichen Glanz und wiegende Anmut durch dreiklangbetonte Figuren verdankt sie auch der reichen Besetzung mit zwei Hörnern, zwei Oboen da caccia und zwei konzertierenden Soloviolinen. Durch Hörner und Oboen wird eine eigenartige Naturnähe erzeugt. (*CD 41/7*)

Ach Gott, wie manches Herzeleid *BWV 3*

Den Einleitungsteil zu diesem Chorus der gleichnamigen Kantate mag man als Berührung reinster Zärtlichkeit erleben, wie sie durch zwei solistisch konzertierende *Oboen d'Amore* geboten werden, zu denen mit Wärme noch die Orgel tritt. Allerdings gilt der ganze Satz mit seinem fugierten Chor auch als bewegtes Klagelied mit Seufzerfiguren der die Oboen begleitenden 1. Violine. Der Choraltext sagt uns, dass wir »manches Herzeleid« zu ertragen haben, doch auch auf dem »Weg zum Himmel wandern«. Die Kantate entstand 1725 in Leipzig und zählt zu Bachs reifster Tonkunst. (*CD 30/18*)

Wer Dank opfert, der preiset mich *BWV 17*

Der Eingangschor dieser gleichnamigen Kantate aus dem Jahre 1720 gilt als der hervorragende Teil des Werkes und trägt »unverkennbare Züge der Einmaligkeit«, die ihn aus dem Schaffen aller Zeitgenossen herausheben (Dürr). Er beginnt mit einem 22-taktigen Instrumentalvorspiel, gleichsam einer Einleitungssinfonie von »eindrucksvoller Großzügigkeit«, die von einem ostinat drehenden Sechzehntelmotiv gelenkt wird. Zwei Choralabschnitte treten als vierstimmiges Fugato von mitnehmender Gewalt auf, wobei alles einheitlich und großflächig durchgestaltet ist. Die Chorteile wurden von Bach in der Messe G-Dur *BWV 236* wiederverwendet, was für seine hohe Einschätzung des Werkes spricht. (*CD 13/14*)

Wo soll ich fliehen hin *BWV 5*

Der umfängliche Eingangssatz setzt mit beeindruckender Aufbruchsbewegung ein, die geängstigt, aber auch auf spürbare Kraft gegründet zu sein scheint. Die Musik verspricht, wie der Ablauf der Kantate zeigt, auch Trost und Zuversicht. Die Thematik ist aus einer Liedmelodie abgeleitet, die in freier Abwandlung Orchesterteil und Chorteil durchzieht. Was charakterisiert ist die Art, wie die Liedzeilen durchweg vom Sopran gesungen und von der Trompete verstärkt werden, wobei die anderen drei Stimmen bewegt unterbauen. Auffällig ist auch wie vom Chor plötzlich und in erregender Weise in den selbstständigen Orchestersatz (zwei Oboen, Streicher und Continuo) hineingesungen wird. Die Entstehungszeit der Kantate liegt im Jahre 1724 in Leipzig zum 19. Sonntag nach Trinitas. (*CD 45/1*)

Bleib bei uns, denn es will Abend werden *BWV 6*

»Bittende Deklamation« und »imponierende Großartigkeit« sind die Beschriftungen, die diesem beeindruckenden Eingangschor in c-Moll gegeben werden. Schon der Titel hat seine Deutung. Bei der Wirkung dieser Musik scheut man sich nicht, unwillkürlich an ein anderes bewegendes Kantaten-Werk, das ergreifende »Schauet doch und sehet« (*BWV 45/1*) zu denken oder an den Schlusschor der Matthäuspassion.

Der Ernst des Sarabandenschritts bestimmt in dieser weiträumigen Komposition (133 Takte) den Einleitungsteil wie auch den durchbrochenen Chorsatz danach – Chorabschnitte und Instrumental-Zwischenspiele wechseln in der Führung ab. Bedeutungsvoll gelingt im Mittelteil der fugierte Chor, eine »Art Chorfuge«, mit vier Themen, und mit einer Ausdruckssteigerung in der Weise, dass die Continuo-Begleitung später durch hinzutretende weitere Instrumente (Oboen, *Oboe da caccia*, Streicher) verstärkt wird. Das Werk entstand 1725 in Leipzig zum Ostermontag. (CD 22/1)

Christ unser Herr zum Jordan kam *BWV 7*

Den Eingangschor der *Kantate Nr. 7* sieht man als den bedeutsamsten Satz des Werkes. Die scharf rhythmisierten Bewegungen, fast pausenlos vom Continuo bestritten, sind von ungewöhnlich virtuoser Art und charakterisieren den wuchtig einsetzenden Orchestersatz – Bach gewissermaßen als Orchestervirtuose. Man darf sich dabei die Bewegung eines erregten Flusses vorstellen. Das Erstaunlichste sind die Chorstimmen, wie sie immer wieder diesem sehr selbstständigen, tumultartigen Orchesterspiel aufgesetzt und eingelassen werden, sich behaupten und das Geschehen schließlich befreiend dominieren. Die Besetzung: Streicher und neben dem *Continuo 2 Oboen d'amore* und eine konzertierende Violine, deren Figurenspiel sämtliche Instrumentalabschnitte durchzieht. Die Kantate entstand 1724 in Leipzig, und stützt sich auf einen Text, der von der Geburt Johannes des Täufers und der Taufe Jesu berichtet. (*CD 20/8*)

O Ewigkeit, Du Donnerwort *BWV 20*

Hört man diesen Eingangschor, begegnet man einer weiteren herausragenden Schöpfung. Es ist bewegend, wie es gelingt, die im Text »O Ewigkeit« angesprochene Transzendenz und ihr Letztberührtsein in Musik zu bringen. Ist der Satz auch nicht ungewöhnlich umfänglich (4'40 Aufführungsdauer), liegt der Schwerpunkt der zweiteiligen Kantate mit elf Sätzen auf diesem kunstvoll angelegten Eingangschor. Das Prächtige des Chorsatzes in F-Dur liegt auch an der gewählten Form der Französischen Ouvertüre mit punktiertem Rhythmus im selbstständigen Instrumentalpart. Der Mittelteil *Vivace* im fugenartigen Stil wird dramatisch bewegter. Die Besetzung der Choralkantate sieht außer den Soli (Alt, Tenor, Bass), Chor, drei Oboen, hohe Trompete (Zugtrompete), Streicher und Continuo vor. Mit dieser gewichtigen Komposition eröffnete Bach in Leipzig am 11. Juni 1724 den Jahrgang seiner Choralkantaten. (*CD 45/14*)

Alle Augen warten, Herr *BWV 23*

Dieser Chor nimmt eine Sonderstellung ein, da er nicht als Eingangschor der viersätzigen Kantate »Du wahrer Gott und Davids Sohn« *BWV 23* dient, sondern als Chorsatz vor dessen Schlusschoral. Der Chor spricht den Hörer schon durch seinem Titel an und wirkt bei aller Lebhaftigkeit wie ein musikgestaltetes Gebet,

153 Takte. Im Chorsatz wechseln Solostimmen, Tenor und Bass, mit Instrumentenritornellen, wobei sich alles von der hervortretenden Bassstimme wie getragen fühlt. Als Besetzung insgesamt sind Sopran, Alto, Tenor, Bass, zwei Oboen d'amore, Streicher und Continuo angegeben. Die Kantate entstand in Köthen und war für die Bewerbung um das Thomaskantorat in Leipzig bestimmt und wurde dort auch Anfang Januar 1723 aufgeführt. Leusinks Einspielung bietet eine auf drei Sätze reduzierte Kantatenfassung ohne den Schlusschoral. (*CD 9/13*)

Schauet doch und sehet, ob irgend ein Schmerz sei *BWV 46*

Zu diesem Eingangschor der gleichnamigen Kantate berichtet ein Autor vom ungewöhnlichen Eindruck, den er beim Anhören dieses Satzes hatte: der ausgebreitete Strand an der Normandie in Frankreich Ende des letzten Weltkrieges im Juni 1944, als die Alliierten Truppen dort landeten und Schritt für Schritt aus der Dämmerung heraus vordrangen und die Befestigungen mit Verlusten an Menschenleben und Verwundeten einnahmen. Dem Werk eignet etwas Zeitloses, das über geschichtliche Horizonte hinaus wirkt.

Die ergreifende Musik mit ihrem zunächst langsamen, dann beschleunigten Teil, dem Prinzip der Chorfuge folgend, dürfte in ihrer Ausdrucksgewalt in der Musikgeschichte kaum übertroffen sein. Die Kantate und ihr Eingangssatz mit 149 Takten und fast 6' Dauer, wurde in Leipzig für einen festlosen Sonntag im August 1723 am 10. Sonntag nach Trinitas geschrieben. (*CD 21/1*)

ARIEN

Soloarie, Sopran

Bete aber auch dabei *BWV 115/4*

Die Arie ist Teil der Kantate »Mache dich, mein Geist, bereit« *BWV 115*, die im November 1724 in Leipzig uraufgeführt wurde. Mit weiträumiger Ausnutzung der höchsten Lagen durch Flöte, Singstimme (Sopran), Violincello piccolo (Tenor) und Continuo (Bass), übt diese Arie einen ungewöhnlichen Reiz auf den Hörer aus. (*CD 24/4*)

Duett, Sopran, Basso

Nun verschwinden alle Plagen *BWV 32/5*

Dieses Duett aus der Kantate »Liebster Jesu, mein Verlangen« *BWV 32*, verbindet Frohsinn mit beschwingt tänzerischer Freude reinlichster Art. Die Instrumentalisierung bietet obligat begleitende Oboe mit agil spielender Violine. Nach der Textvorlage handelt es sich um einen Dialog zwischen »Seele und Jesus« (*CD 42/10*)

Terzett, Soprano, Tenore, Basso

Ach, wir bekennen unsere Schuld *BWV 116/4*

Das Terzett bietet ein Werk besonderer Ausdrucksfülle und stammt aus der Kantate »Du Friedefürst, Herr Jesu Christ« *BWV 116*. Die Uraufführung fand im Jahre 1745 in Leipzig statt. (*CD 19/4*)

Aria, Basso

Wahrlich, wahrlich, ich sage euch *BWV 86*

Vielfalt bei der Verwendung von Arien zeigt Bach besonders mit dieser Arie als Eröffnung der gleichlautenden Kantate. Sie ist ungewöhnlich, da der Basso solo von allen Stimmen, auch den Streichern, der Oboe, verstärkt und ausgesprochen vokal begleitet wird und dabei als freie Fuge angelegt ist. (*CD 10/7*)

Die letzte Arie aus Kantate »Schauet doch und sehet« BWV 46 für Alt »Doch Jesus will auch« mit pastoraler Flötenbegleitung als Beispiel der Vielfalt, gilt als von einzigartiger Schönheit und ist für Schweitzer die »innigste Musik, die Bach jemals geschrieben hat«. (*CD 21/5*)

Es ist wohl auch richtig, die Arie »Gottes Engel« aus Kantate »Man singet mit Freuden vom Sieg« *BWV 149* als ein Meisterstück musikalischer Anmut zu werten, wenn in der »Dämmerung dahinziehende Lichtstreifen zu sehen« sind wie Schweitzer meint. (*CD 17/4*)

Letztlich sei hinsichtlich der Vielfalt der Gestaltung von Kantaten darauf hingewiesen, dass Bach zum Beispiel eine Arie wie »Jauchzet Gott in allen Landen« für Sopran als Eingangs- und Eröffnungsstück für die gleichlautende Kantate *BWV 51* wählt. Es handelt sich um ein Koloraturstück für Sopran und Trompete, begleitet von Streichern und Basso continuo. Ein Stück »voll hinreißenden Lebens« wie Schweitzer schreibt. (*CD 42/1*)

CHORÄLE – ALS ABSCHLUSS EINER KANTATE

Sei Lob und Preis mit Ehren *BWV 51/4*

Dieser Schlusschoral stammt aus der Kantate »Jauchzet Gott in allen Landen« *BWV 51*. Er wird nicht wie üblich als schlichter Choral geboten, vielmehr wird die vom Sopran unverziert gesungene Liedweise in einen instrumentalen Triosatz für zwei Soloviolinen und Continuo eingefügt. Als Entstehungszeit gilt September 1730 in Leipzig. (*CD 42/4*)

Choräle bilden bei Kantaten in der Regel den markierenden Abschluss. Gelegentlich erscheinen sie aber als Sätze innerhalb des Werkes, wie zum Beispiel der Choral »Der Gott, der mir hat versprochen«, Alto aus Kantate »Meine Seufzer, meine Tränen« BWV 13 in Form einer Choralbearbeitung. Er steht als 3. Satz gewissermaßen im Zentrum des Werkes und wird im *cantus firmus* ausschließlich vom Alto durchgesungen und von Streichern, Blockflöten und Oboe da Caccia begleitet. (*CD 19/9*)

Weitere Schlusschoräle

»Herr Gott, Vater, mein starker Held« als Duett Soprano Alto aus Kantate »Wer da gläubet und getauft wird« *BWV 37* (*CD 5/14*)

»Herr Jesu Christ, einiger Trost« aus Kantate »Ich elender Mensch« *BWV 48* (*CD 46/21*)

Choral als Coro »Es danke Gott, und lobe dich« aus Kantate »Die Himmel erzählen die Ehre Gottes«, Secondo Parte *BWV 76/7* (*CD 76/14*)

Schlusschoral als Chor »Himmelskönig, sei willkommen« aus der gleichnamigen Kantate *BWV 182* (*CD 11/8*)

REZITATIVE

Das Rezitativ als ein dem Sprechen angeglichener Gesangsvortrag, meist von Cembalo oder Continuo[8] begleitet, spielt auch in Bachs Kantaten eine zum Teil kunstvolle Rolle. Es bringt die Handlung vorwärts und will Gedankliches erklären. Auch wenn es für einen Konzertvortrag kaum von Bedeutung sein dürfte, sei an Bachs wertvollen Gebrauch dieser doch auch zugleich musikalischen Darstellungen erinnert.

In der Kantate »Gleich wie der Regen und Schnee« *BWV 18* etwa fällt die unübliche Länge des Rezitativs von sechs Minuten und seine Bezeichnung als »Recitativo accompagnato«

---

8 Continuo: vollständige Bassbegleitung, B.c., meistens durch Cembalo oder beides.

mit Orchesterbegleitung auf. Jeder Secco-Abschnitt mit Streicherbegleitung (Tenor und Bass im Wechsel) mündet in ein im Sopran gesungenes Litaneizitat, dem der Chor mit »Erhör uns!« antwortet. (*CD 38/15*)

In der Kantate »Liebster Jesu, mein Verlangen« *BWV 32* findet man unter Nr. 4 ein kunstvolles Dialogrezitativ, ein Zwiegespräch zwischen Seele und Jesus, hochexpressiv und beseelt als Arioso von 2'14 Dauer, das einen »Höhepunkt« (Dürr) der auch sonst an Schönheit nicht armen Kantate bildet. Die Erstaufführung datiert mit 1726 in Leipzig. (*CD 42/9*)

Ein Duettrezitativ für Sopran und Tenor »Unendlicher, den man doch Vater nennt« aus Kantate »Erhöhtes Fleisch und Blut« *BWV 173*, die auf eine Glückwunschmusik zurückgeht, mündet nach einigen Takten in ein Arioso. Das Werk wurde 1724 in Leipzig uraufgeführt. (*CD 14/18*)

AUSWAHL VON KANTATENSÄTZEN FÜR DEN KONZERTGEBRAUCH

Eingangschöre und Chöre

Wie schön leuchtet der Morgenstern *BWV 1* (*CD 41/7*)[9]

Jesu nahm zu sich die Zwölf *BWV 22* (*CD 7/18*)

Alle Augen warten, Herr *BWV 23/3*

Alles nun, was ihr wollt *BWV 24/3*

---

9 Angaben in Klammern beziehen sich auf Einspielungen von Pieter Jan Leusink

Es ist nichts Gutes an meinem Leib *BWV 25*

Wer weiss, wie nahe mir mein Ende *BWV 27* (*Chor Rezitativ*)

O ewiges Feuer, o Ursprung der Liebe *BWV 34* (*Pfingstkantate*)

Schwingt freudig euch empor *BWV 36*

Wer da glaubet und getauft wird *BWV 37*

Brich dem Hungrigen dein Brot *BWV 39*

Dazu ist erschienen der Sohn Gottes *BWV 40* (2. *Weihnachtsfeiertag*)

Jesu, nun sei gepreiset *BWV 41*

Schauet doch und sehet, ob irgend ein Schmerz sei *BWV 46*

Arien - Soloarien

Aria Tenore »Jesus Christus Gottes Sohn« aus Kantate »Christ lag in Todesbanden« *BWV 4* (*55/4*)

Aria Soprano »Ach bleib bei uns, Herr Jesu Christ« aus Kantate »Bleib bei uns, denn es will Abend werden« *BWV 6* (*CD 22/3*)

Aria Bariton »Friede sei mit euch« aus Kantate »Halt im Gedächtnis Jesu Christ« *BWV 67* (*CD 58/24*)

Aria Bass »Schlummert ein, ihr matten Augen« aus Kantate »Ich habe genug« *BWV 82* (*CD 1/11*)

Arie Tenor »Seht, seht, was die Liebe tut« aus Kantate »Ich bin ein guter Hirt« *BWV 85* (*CD 10/13*)

Aria Soprano »Bete aber auch dabei« aus Kantate »Mache dich mein Geist bereit« *BWV 115* (CD *24/4*)

Aria Soprano »Gelobet sei mein Herr, mein Gott« aus der gleichnamigen Kantate *BWV 129* (*CD 35/17*)

Aria Soprano »Bereite dir, Jesu« aus Kantate »Herz und Mund und Tat und Leben« *BWV 147* (*CD 56/5*)

Aria Alto »Schläfert allen Sorgenkummer in den Schlummer« aus Kantate »Gott ist unsere Zuversicht« *BWV 197 (Trauungskantate) (CD 48/16)*

Aria Tenore »Bleibt, ihr Engel, bleibt bei mir« aus Kantate »Es erhub sich ein Streit« *BWV 19* (*CD 60/19*)

Arien - Duette

Aria Soprano Alto »Wenn Sorgen« aus Kantate »Ach Gott, wie manches Herzeleid« *BWV 3* (*CD 30/22*)

Aria Soprano Tenore »Den Tod niemand zwingen kann« aus Kantate »Christ lag in Todesbanden« *BWV 4* (*CD 55/2*)

Aria Soprano Basso »Nun verschwinden alle Plagen« aus Kantate »Liebster Jesu, mein Verlangen« *BWV 32* (*CD 42/10*)

Aria Soprano Basso »Dich hab ich je und je geliebt« aus Kantate »Ich geh und suche mit Verlangen« *BWV 49* (*CD 40/19*)

Aria Soprano Basso »Gott, du hast es wohl gefüget« aus Kantate »Christen ätzet diesen Tag« *BWV 63 (CD 41/15)*

Aria Soprano Alto »Komm, lass mich nicht länger warten« aus Kantate »Erschallet ihr Lieder, erklinget, ihr Saiten« *BWV 172 (CD 11/5)*

Arien – Terzette

Aria Soprano, Alto, Basso »Wenn meine Trübsal als mit Ketten« aus Kantate »Aus tiefer Not« *BWV 38 (CD 45/12)*

Aria Soprano, Tenore, Basso »Ach, wir bekennen unser Schuld« aus Kantate »Du Friedefürst, Herr Jesu Christ« *BWV 116 (CD 19/4)*

Choräle

Der Gott hat mich versprochen, Choral Alto aus Kantate »Meine Seufzer, meine Tränen« *BWV 13 (CD 19/9)*

Herr Gott Vater, mein starker Held, aus Kantate »Wer da gläubet und getauft wird« *BWV 37 (CD 5/14)*

Schlusschoral »Herr Jesu Christ, ewiger Trost«

aus »Ich elender Mensch, wer wird mich erlösen« *BWV 45* (*CD 46/21*)

Choral Soprano, »Sei Lob und Preis«, Kantate »Jauchzet Gott in allen Landen« *BWV 51* (*CD 42/4*)

Choral als Coro »Es danke Gott, und lobe dich«, Kantate »Die Himmel erzählen die Ehre Gottes, Secondo Parte« *BWV 76* (*CD 76/14*)

Schlusschoral als Coro »Himmelskönig, sei willkommen« aus der gleichnamigen Kantate *BWV 182* (*CD 11/8*)

BEILAGE

Aria, Tenor, »Bleibt, ihr Engel, bleibt bei mir« *BWV 19/5*

Diese Komposition als Adagio e-Moll gehört zum Berührendsten unter Bachs Arien, und die Musikwissenschaft betrachtet sie ohne Einschränkung als einen der »Höhepunkte« (Dürr) der Arienkomposition des Meisters. Man kennt kein ergreifenderes Werk in seiner Stimmung zwischen Bangen und Beglückung als dieses. Dies in ungewöhnlich umfänglicher Gestalt von 140 Takten mit über sieben Minuten Aufführungsdauer.

Der Rhythmus des Sizilianos, der »Engelsrhythmus« (Albert Schweitzer), der hier von wiegender Lieblichkeit sprechen lässt, selbst von Graziösem, dürfte dem Gehalt der Aria nicht voll gerecht werden, da das flehentliche Expressivo des Satzes nicht getroffen wird – Lieblichkeit im Sinne unerhörter Innigkeit könnte eher gelten. Der Schwerpunkt des Textes liegt in der Zeile »Bleibt, ihr Engel, bleibt bei mir« und im »Führet mich«, wobei die fortlaufend beschwörende Wiederholung dieser Worte von der Musik gleichsam empor genommen wird und ergreift[10].

Die Interpretation von Leusink gibt mit der Registrierung und dem Einsatz der Trompete Schärfe, ja, schrille Akzentuierungen und der Bitte um Beistand und Trost bewegendes Gewicht.

Die Besetzung sieht neben Tenor Trompete, Violine I und II, Bratsche und Continuo vor. Besondere Wirkung wird auch dadurch erzielt, dass das Stück als Choralbearbeitung in Daca-

---

10 Der Text im vollen Wortlaut: »Bleibt, ihr Engel, bleibt bei mir! Führet mich auf beiden Seiten, dass mein Fuß nicht möge gleiten! Aber lernt mich auch allhier, Euer großes Heilig singen und dem Himmel Dank zu singen!« Das »Bleibt, ihr Engel« wird am Anfang (T. 9–40) achtmal und am Schluss (T. 107–140) zehnmal ununterbrochen wiederholt, »Führet« im Mittelteil (T. 41 ff.) 5-mal.

po-Form behandelt wird, wenn die hohe Trompete über dem Streichersatz als *cantus firmus* zeilenweise die Melodie des Chorals »Herzlich lieb hab ich dich« bläst und gleichsam von der Höhe herab das Geschehen begleitet – ein Effekt von seltener Schönheit.

Die Kantate entstand zum 29. September 1726. Man vermutet, dass sich Bach selbst die Umformung der Michaelisdichtung zur Kantate vorgenommen hat. Würde es einen solchen Ort geben, könnte die Aria in ihrer Unvergleichlichkeit in das Pantheon der Engelsliteratur aufgenommen werden. (*CD 59/19*).

GLOSSAR / SACHREGISTER

INHALT